Bible
WORD
SEARCHES

BARBOUR
PUBLISHING, INC.
Uhrichsville, Ohio

Published by Barbour Publishing, Inc., P.O. Box 719, Uhrichsville, Ohio 44683 http://www.barbourbooks.com

Member of the
Evangelical Christian
Publishers Association

Printed in the United States of America.

Bible
WORD
SEARCHES

Priscilla Runyon

Centenarians

AARON	JOSHUA
ABRAHAM	LAMECH
ADAM	MAHALALEEL
ARPHAXAD	METHUSELAH
CAINAN	MOSES
EBER	NAHOR
ENOCH	NOAH
ENOS	PELEG
ISAAC	REU
ISHMAEL	SALAH
JACOB	SARAH
JARED	SERUG
JEHOIADA	SETH
JOB	SHEM
JOSEPH	TERAH

```
N X G C C J A C O B J M A D A
O A F R R O E D E R A J Z R A
A H H S E S I V B E Q E P A R
H G D O H E D T C B R H E Z O
Z O P N R P G A B E A O L H N
L A M E C H A N P X J I E A M
E B O S A S K O A O S A G L G
E R S I K O D L H R D C E V
L A E E N O C H M G O A R S Y
A H S R A X I A C J O S H U A
L A M R N L E V K J G E J H S
A M O E O L V H C Y U D A T A
H U F B H A R E T I R E U E R
A U Z U K S B X R E E Z T M A
M L P I K S P D W Z S A L A H
```

Priscilla Runyon

False Gods

ADRAMMELECH	GRAVEN IMAGE
ANAMMELECH	JUPITER
ASHERAH	MERCURY (HERMES)
ASHIMA	MERODACH
ASHTORETH	MOLECH
BAAL	MOON
BAAL-BERITH	NERGAL
BAAL-PEOR	NIBHAZ
BAAL-ZEBUB	NISROCH
BEL	PEOR
CHEMOSH	SATYRS
DAGON	TAMMUZ
DIANA (ARTEMIS)	TERAPHIM

```
Q V F C H C E L E M M A R D A
S S R Y T A S G D I L N L H N
N U Y W E J J T I H Z T K K A
E R O G R A U Y A S R O E P M
R O N O O M P C N O G A D L M
G E I I T G I Z A M I H S A E
A P S B H A T A W E C V S A L
L L R A S H E R A H Z L J B E
U A O A A R R L H C E L O M C
Z A C L L B A A L B E R I T H
U B H Z Z J H K M S W Z G F I
M N M E R O D A C H E K Z L P
M N I B H A Z Q O K O X B O R
A Y R U C R E M I H P A R E T
T V Y B E G A M I N E V A R G
```

Yvonne Goodwin

Cities of the 12 Tribes

APHEK

ASHDOD

ASHKELON

BEERSHEBA

BETHEL

BETHLEHEM

BETH-SHEMESH

DIBON

GAZA

GEZER

GIBEON

GOLAN

HAZOR

HEBRON

HESHBON

HORMAH

JABESH-GILEAD

JERICHO

JOPPA

KIRIATH-JEARIM

MEGIDDO

SHILOH

SUCCOTH

TYRE

ZIKLAG

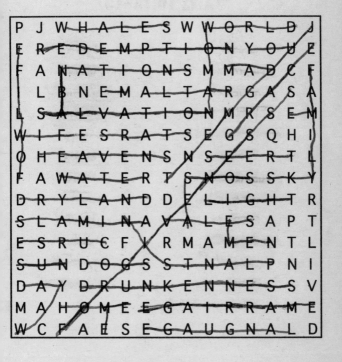

```
P J W H A L E S W W O R L D J
E R E D E M P T I O N Y O U E
F A N A T I O N S M M A D C F
I L B N E M A L T A R G A S A
L S A L V A T I O N M R S E M
W I F E S R A T S E G S Q H I
O H E A V E N S N S E E R T L
F A W A T E R T S N O S S K Y
D R Y L A N D D E L I G H T R
S L A M I N A V A L E S A P T
E S R U C F I R M A M E N T L
S U N D O G S S T N A L P N I
D A Y D R U N K E N N E S S V
M A H O M E E G A I R R A M E
W C F A E S E G A U G N A L D
```

Linda Amidon Pogue

A Seller of Purple
(Acts 16:13-15)

ABIDE
ATTENDED
BAPTIZED
BESOUGHT
CERTAIN WOMAN
CITY
CONSTRAINED
FAITHFUL
HEART
HOUSEHOLD
JUDGED
LYDIA
PAUL

PRAYER
PURPLE
RESORTED
RIVERSIDE
SABBATH
SELLER
SPAKE
SPOKEN
THITHER
THYATIRA
WOMEN
WORSHIPPED

```
D E D N E T T A R I T A Y H T
T M L F J F A I T H F U L U H
C I T Y Q O Q U I X G Q R T G
Y I S A B B A T H L K N Z R U
D E E H U R H C Y E A L E L O
E L D K O E D D W M A L A T S
N P I Z R U I B O Z L R Y V E
I R S E Z A S W R E M G T S B
A U R P X B N E S L Z H V P A
R P E L K I S K H N G H A A P
T R V C A D G S I O N U X K T
S A I T N E K O P S L U U E I
N Y R T E K A C P A G D S O Z
O E S H L W O M E N E U K F E
C R E S O R T E D E G D U J D
```

Jayne Stratmeyer

The Lord Is My Shepherd
(Psalm 23)

~~LORD~~	DEATH
SHEPHERD	FEAR
MAKETH	NO EVIL
LIE	ROD
DOWN	STAFF
GREEN	COMFORT
PASTURES	PREPAREST
BESIDE	TABLE
STILL	HEAD
WATERS	~~OIL~~
RESTORETH	CUP
SOUL	RUNNETH
~~LEADETH~~	~~OVER~~
PATHS	DWELL
~~RIGHTEOUSNESS~~	HOUSE
WALK	~~FOR~~
~~VALLEY~~	EVER
SHADOW	

Brittney
Reason

B

T	S	S	S	V	I	E	D	I	S	E	B	H	Q	L
A	H	T	H	K	B	G	W	T	V	A	L	L	E	Y
B	A	A	E	D	A	L	I	V	E	O	N	L	I	O
L	D	F	P	R	O	L	G	F	S	I	F	F	D	I
E	O	F	H	V	L	W	K	L	A	W	L	R	H	L
N	W	Y	E	R	M	M	N	G	S	F	O	R	L	E
P	E	R	R	V	E	A	J	H	O	L	E	H	D	A
R	A	E	D	K	E	S	K	C	U	P	R	A	T	D
E	D	S	R	W	N	R	T	E	L	Z	U	P	R	E
P	H	R	T	G	E	W	V	O	T	K	N	A	O	T
A	O	T	C	U	A	L	S	R	R	H	N	T	F	H
R	U	O	A	T	R	B	L	O	A	E	E	H	M	W
E	S	T	E	E	P	E	V	D	W	A	T	S	O	H
S	E	R	U	O	D	C	S	D	R	D	H	H	C	E
T	S	R	I	G	H	T	E	O	U	S	N	E	S	S

Brittney
Reason

Pam Powell

Heroes of Faith
(Hebrews 11)

ABEL	NOAH
ABRAHAM	PARENTS
BARAK	PERFECT
DAVID	PROMISE
ENOCH	PROPHETS
FAITH	RAHAB
GEDEON	REPORT
ISAAC	SAMSON
ISRAEL	SAMUEL
JACOB	SARA
JEPHTHAE	SCOURGINGS
JOSEPH	SLAIN
JOSHUA	SUBSTANCE
MOCKINGS	WANDERED
MOSES	WOMEN

```
M O C K I N G S Y R B O J C P
D R Z B O C A J H A L O U R P
T R B A H A R C R E S L O A E
A C A R A S O A U H E M R A E
S B E V I N K M U A I E H C B
G C R F E Q A A R S N T N W H
I E O A R S F S E T H A M D A
S R D U H E I T S P T A O E S
A S J E R A P U E S S H S R T
A T A O O G M J B J C A E E E
C Q R M S N I U D F Q O S D H
D Y E O S E S N E I A N L N P
N J Z B P O P X G I V I L A O
W O M E N E N H M S S A T W R
S L A I N E R F L E B A D H P
```

Pamela Jenson

Elisha

~~AX~~	MOAB
BARLEY	MOUNT
BETHEL	NAAMAN
BLINDNESS	OIL
BREAD	PEACE
BURIED	PLOWING
CARMEL	PRAY
~~CORN~~	PROPHET
~~DOUBLE~~	SAMARIA
~~ELIJAH~~	SEVEN
FAMINE	SHAPHAT
GOD	SICKNESS
HAZAEL	SNEEZED
HEALED	SON
ISRAEL	~~SPIRIT~~
~~JERICHO~~	SYRIA
JORDAN	VICTORY
LEPROSY	WATER
MAN	WEPT
MANTLE	WIDOW
MINISTERED	

Brittney
Reason

S H A P H A T V B D O U B L E
B A R L E Y U S E V E N S U X
U S P I R I T R T Z W G S Y F
R V L N G R E O H C I R E J S
I C O W A T E R E B D F N L S
E S W I S R A E L T O O K E E
D E I I M N D P N B W L C M N
O L N R A E E U T I E C I R D
G I G M L A O E N A M Y S A N
M J A A C M H L Z M J A E C I
A A E E L P R A Y E O T F O L
N H U I O A H Q X O D A E R B
T J O R D A N A W E P T B N V
L E P R O S Y R O T C I V N V
E A I R A M A S Y R I A P A X

Brittney
Reason

PUZZLE **9**

D. Hittner

Hebrew Words in Psalms

AIJELETH SHAHAR	MAHALATH
ALAMOTH	MASCHIL
ALEPH	MICHTAM
BETH	NEGINAH
DALETH	NEGINOTH
EDUTH	NUN
GIMEL	RESH
GITTITH	SELAH
JEDUTHUN	SHIGGAION
KOPH	TAU
LAMED	TETH
LEANNOTH	

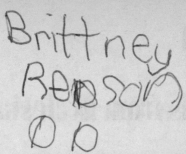

R	T	T	I	N	X	Y	G	Y	T	D	U	Q	S	L
O	A	S	P	B	G	I	M	E	L	B	J	O	S	I
U	U	H	L	K	U	Q	D	Z	B	E	N	C	P	M
N	O	I	A	G	G	I	H	S	D	D	E	B	V	I
U	H	S	W	H	I	H	W	U	F	U	G	M	E	C
N	T	Z	F	L	S	H	T	I	T	T	I	G	P	H
N	E	G	I	N	A	H	N	A	S	H	N	W	T	T
U	L	S	A	C	U	M	T	V	L	X	O	E	S	A
H	A	X	T	N	Q	I	E	E	L	A	T	X	Q	M
S	D	X	L	P	B	K	A	D	L	D	H	M	E	G
E	F	A	O	W	L	N	J	A	S	E	D	A	H	E
R	B	L	E	K	N	B	M	G	K	U	J	K	M	J
V	L	E	L	O	D	O	M	M	A	Y	F	I	N	F
Y	M	P	T	P	T	E	M	F	J	S	E	L	A	H
B	Y	H	E	H	T	M	M	A	S	C	H	I	L	Q

Brittney
Redson

D. Hittner

Words from Ecclesiastes

ADVERSITY	PREACHER
BEGINNING	PROSPERITY
CHANCE	RIGHTEOUS
COMMANDMENTS	SINNER
FAVOR	SPIRIT
FEAR GOD	TIME
FOOLISH	UNDER THE SUN
INCREASE	UPRIGHT
JOY	VANITY
JUDGMENT	WISDOM
LABOUR	WORKS
PLEASURE	YOUTH
POWER	

Brittney R

Raychell

Bridgett

```
O T H N I E L K A N Q L N S Z
R J A W H W S B E H C M O A R
D W I R N P I H N A A L E M H
I J K J A M E S A O O B D U A
V B E I E M A S B M D B I E B
A W Z L I P I O O W G B G L I
D N E A B M H N B J O A A D A
I C H S N E S T D E B O R A H
H E O J R Z M A H A R B A N H
B L A J I O A U M A E E O I L
Q I O F S L D K L S H B J E E
R E T E P G A U H S O J X L H
L Y S J X R A M F C B N O F R
Q T O L A P K Q A P D N L H P
B D S B N I P J F T G D M E H
```

Brittney

Jenn Steele

Creation

ADAM	GOD
BEGINNING	HEAVEN
CREATED	HIDDEKEL
DAY	MOON
EARTH	NIGHT
EDEN	PISON
EUPHRATES	SEASONS
EVE	SECOND
FIFTH	SEVENTH
FIRST	SIXTH
FOURTH	STARS
GARDEN	SUN
GENESIS	THIRD
GIHON	YEARS

```
F S T A R S X V V X N I G H T
O M F E F X B E G I N N I N G
U S I F A H M V S E V E N T H
R N F Y G R C F F I N L E I U
T D T I S R T X I Q F E B V S
H H H M E U P H R A T E S Q E
J O C A C G I E S M O A G I A
N J T P O T S A T P O C F U S
B E G Q N K O V A R L O M Y O
D E M Y D U N E Y V U C N P N
I I T S E R T N L E H A H E S
Z T H I D D E K E L A T D N N
T I I P A N E H V Q S R W A P
C N R S U V W N Q P A Z S R M
G O D S I X T H C G X D A Y O
```

Mary Ann Freeman

Brothers

AARON	JAMES
ABEL	JAPHETH
ANDREW	JOHN
ASHER	JOSEPH
BENJAMIN	JUDAH
CAIN	LEVI
DAN	MANASSEH
EPHRAIM	MOSES
ESAU	NAPHTALI
GAD	PETER
HAM	PHINEHAS
HOPHNI	REUBEN
ISAAC	SETH
ISHMAEL	SHEM
ISSACHAR	SIMEON
JACOB	ZEBULUN

J	R	A	H	C	A	S	S	I	R	G	Z	C	V	W
A	U	I	S	H	M	A	E	L	W	L	N	Z	F	Z
P	C	D	B	F	H	N	B	E	N	J	A	M	I	N
H	O	A	A	I	H	A	R	H	P	E	S	O	J	U
E	E	G	S	H	I	D	N	J	E	W	I	L	D	L
T	H	J	H	S	N	L	H	O	P	H	N	I	N	U
H	R	Y	E	A	P	H	R	U	E	A	T	M	S	B
N	E	U	R	H	C	A	A	S	I	M	Z	E	L	E
J	U	A	S	E	G	O	B	L	E	V	I	E	S	Z
G	B	H	E	N	K	C	A	I	N	F	B	S	D	Y
S	E	K	N	I	S	T	O	X	J	A	M	E	S	O
E	N	Q	O	H	H	A	M	M	I	A	R	H	P	E
S	U	V	R	P	E	T	E	R	E	N	C	U	C	V
O	J	H	A	P	M	Q	R	B	I	N	H	O	J	Z
M	A	N	A	S	S	E	H	S	R	W	G	S	B	U

Mary Louise DeMott

Bible People Who Wept

ABRAHAM	JEWISH PEOPLE
BABY MOSES	JOB
BENJAMIN	JONATHAN
DAVID	JOSEPH
ELISHA	MELCHISEDEC
EPHESUS ELDERS	NAOMI
ESAU	ORPAH
EZRA	PETER
HAGAR	RACHEL
HANNAH	RUTH
HEZEKIAH	SAMSON'S WIFE
ISAIAH	SAUL
JACOB	TIMOTHY
JEREMIAH	WIDOW OF NAIN

```
H E A Y U M Y H T O M I T J M
E A P B E N J A M I N U A E B
Z J N H T U R I B J O B L V A
E J P N E J O S E P H C E U B
K P E A A S A U L K H L N V Y
I D T O M H U F Q I P A I M M
A M E M W P B S S O H M S A O
H H R I G O L E E T M U A H S
J A C N C E D P A L R A I A E
A I L A H E H N A A D S A R S
H M J C C S O I G Y Y E H B O
S E A J I J P A E Z R A R A R
I R E W A Y H B D I V A D S P
L E E W I D O W O F N A I N A
E J S A M S O N S W I F E S H
```

Biblical Types and Foreshadows of Christ

ABRAHAM	JOSEPH
ADAM	JOSHUA
BULLOCK	LAMB
DANIEL	LION
DAVID	MELCHIZEDEK
DOVE	MOSES
EAGLE	NEHEMIAH
ELIJAH	NOAH
ELISHA	OX
EZEKIEL	PIGEON
EZRA	RAM
HEIFER	SCAPEGOAT
ISAAC	SERPENT
JEREMIAH	SHEEP
JONAH	SOLOMON

```
D O F Z O M A D A M T J E M D
J A N E H E M I A H X E E O A
E T V O S J X R N O I L V S N
R K P I N O A H V N C W T E I
E T I B D S P E E H S M H S E
M A G E U E Z L I S A A C J L
I O E L T P E Z S E R P E N T
A G O G T H E L I J A H Z K J
H E N A K D M F I M E V O D E
N P B E E A A G A S Z I X S A
B A G K H B X R L F H E H N U
M C J A S O L O M O N A Q A H
A S R E D R E F I E H K B R S
L B U L L O C K P K J W O Z O
A J O N A H X L E I K E Z E J
```

Faith Wade

Samson

ASHKELON	LOCKS
BEES	MANOAH
CORDS	NAZARITE
CORN	OLIVES
DAN	PHILISTINES
DELILAH	PILLARS
DOORS	RAMATH-LEHI
ENHAKKORE	RAZOR
ETAM	RIDDLE
EYES	ROPES
FEAST	SAMSON
FOXES	SHAVEN
GARMENTS	SLAUGHTER
GATE	SOREK
GAZA	SPIRIT
GRIND	STRENGTH
HONEY	TAIL
JAWBONE	TIMNATH
LEHI	WIFE
LION	ZORAH

```
S E V I L O S T N E M R A G R
C O R D S J N O L E K H S A A
S P S W Q H A R O Z B C L T M
E D I M A N O A H E S O A E A
S F E A S T O L E H I R U K T
E P S N E A D S T R E N G T H
N I E P P E T A M G T E H E L
I L X T O I V W N A M V T R E
T L O A R Q R A E Z S A E O H
S A F I R O Z A R A P H R K I
I R P L J A W B O N E S L K E
L S Z G R I N D O O R S E A Y
I N O I L O C K S O R E K H E
H W T I M N A T H O N E Y N S
P E L D D I R H H A L I L E D
```

Faith Wade

Island of Cyprus

ASINE	NEAPAPHOS
CARPASIA	NEMESUS
CERMIA	PALOEA
CERYNIA	PALOEAPOLIS
CHYTRI	PALOEPAPHOS
CURIUM	PEGOE
ELOEA	SALAMIS
IDALIUM	SOLI
LAPETHUS	TAMASSUS
LEUCOLIA	THREMITHUS
LEUCOSIA	THRONI
MACARIA	URANIA
MARIUMARSINOE	VENERIS
MELABRUM	

S	T	V	S	O	H	P	A	P	E	O	L	A	P	M
C	U	R	I	U	M	H	F	X	D	U	I	X	A	E
E	Q	H	S	O	H	P	A	P	A	E	N	R	L	L
R	C	K	T	V	E	N	E	R	I	S	I	T	O	A
M	Q	Y	E	I	I	D	A	L	I	U	M	A	E	B
I	A	K	P	N	M	N	C	D	M	A	B	M	A	R
A	I	L	O	C	U	E	L	A	E	O	L	A	P	U
Y	F	R	S	E	R	A	R	O	Q	U	L	S	O	M
I	H	P	N	Y	P	S	L	H	R	U	E	S	L	A
T	Z	I	N	E	I	E	A	A	T	E	U	U	I	C
G	S	I	T	N	S	E	N	L	A	Q	C	S	S	A
A	A	H	O	N	P	I	O	Y	A	R	O	M	O	R
H	U	E	N	V	A	C	T	G	T	M	S	V	W	I
S	O	L	I	S	U	S	E	M	E	N	I	Y	Q	A
N	M	I	R	T	Y	H	C	A	R	P	A	S	I	A

Erin Wade

Esther

ABIHAIL	JEWS
AHASUERUS	MORDECAI
BANQUET	PALACE
BIGTHAN	PETITION
CROWN	QUEEN
DECREE	REQUEST
DELIVERANCE	RING
ESTHER	SCEPTRE
GALLOWS	SEAL
HADASSAH	SHUSHAN
HAMAN	TERESH
HARBONAH	VASHTI
HEGAI	ZERESH
HORSE	

```
F I Y U V S N A H T G I B S D
W H D Q D W T S E U Q E R E H
P I A T O I A B I H A I L A S
S T A R K H S E R E T I N L E
W H C L B M H E L P V E A E R
O S P H U O I A G E H R H C E
L A S R R R N H R T P T S A Z
L V I S G D N A H I P P U L H
A N E L W E N M H T O E H A T
G P S G H C H A H I C C S P E
A P T E E A A N S O F S N Z U
N C H L A I M X Q N A A E Y Q
S W E J E E R C E D K T E Y N
L J R M I Q W H A M O C U M A
S U R E U S A H A T J G Q M B
```

Faith Wade

Peter

AENEAS	GALILEE
AFRAID	GETHSEMANE
ANDREW	HOUSETOP
ANGEL	JOPPA
ANTIOCH	JOURNEY
BOAT	LYDDA
CAESAREA	MALCHUS
CAPERNAUM	PRISON
COCK	RHODA
CORNELIUS	ROCK
DENY	SHEET
DISCIPLE	SIMON
DORCAS	SWORD
DOUBT	TABITHA
EAR	TIBERIAS
FISH	VISION
FISHERS	WALKED

```
O J D S P O T E S U O H S L R
K E E I K E A W G F D I A I Z
F T K M A R O N O I T A C E C
S S L O X R O M S M P A R D A
U U A N D I F C U P K X O D E
H I W I S N I A O C E T D B S
C L R I O P N J O A E Y Z N A
L E V S L R O C K H L N S S R
A N I E E U H A N T I O C H E
M R F P R V J O C I L G O E A
P O A N T B U O D B A E X E Y
S C E Y W E R D N A G N Y T N
H Y S A I R E B I T T W G O E
A E N E A S R E H S I F F E D
H S I F E N A M E S H T E G L
```

Vicki Hicks

Solomon

ALTAR	PRAYER
ARK	QUEEN
BATHSHEBA	REHOBOAM
CEDAR	SACRIFICES
DAVID	SHEBA
DEDICATION	SOLOMON
FEAST	SPICES
GOLD	STONES
HEART	TABERNACLE
ISRAEL	TEMPLE
JUDGE	THRONE
KING	VESSELS
LEBANON	WISDOM
PALACE	WIVES

```
J F R Q S E N O T S D A V W P
S U W A H C T S A E F C I P H
E R D C D A Q R D B F S T A Z
C S Z G E E D I V A D D E L E
I O B I E M C I U O G W M A L
P L Q A F A Y L M V A A Q C C
S O R A T L A O E B O R U E A
W M R I G H I S E B N K E O N
R O O I E L S H O Y A I E V R
X N T A E E S H D E K N N H E
S G R A L Y E Q E H L G O Q B
E T R S V R O T G B M P E N A
V S O P R A Y E R H A M M U T
I Q F T H R O N E D L O G E W
W J S E C I F I R C A S A W T
```

Joy Shirk

Jesus' "I Am" Statements*

BREAD OF LIFE

CHRIST

DOOR OF THE SHEEP

GOOD SHEPHERD

JESUS Christ

Jesus of NAZARETH

LIFE

LIGHT OF THE WORLD

LIVING BREAD

LORD

Lord of the SABBATH

MASTER

MESSIAH

RESURRECTION

SON OF GOD

SON OF MAN

TRUE VINE

TRUTH

WAY

* Only find words in all capital letters.

```
N V Q H U K C Y H K C B E B C
O B G O O D S H E P H E R D P
I J S Q R J C L R Q F E E B E
T F H O O M E S S I A H T P E
C R L L N C S R T D S E S N H
E J U K J O P S O W F T A A S
R O Y E C H F F G I O H M Z E
R X S F V Y L M L E W I X A H
U U J K P I H T A B B A S R T
S D O G F O N O S N L Z H E F
E F Z E V L X E H H E T W T O
R W A Y P D Y I M A U Z L H R
J D L I V I N G B R E A D Z O
X B Z W J X R Z T L F H O T O
L I G H T O F T H E W O R L D
```

Robert F. Dougherty

The Barren Fig Tree Cursed
(Matthew 21:17-22)

ANSWERED	JESUS
ASK	LEAVES
AWAY	MARVELLED
BELIEVING	MORNING
BETHANY	MOUNTAIN
CAME	NOTHING
CAST	ONLY
CITY	PRESENTLY
DISCIPLES	RECEIVE
DONE	REMOVED
DOUBT	RETURNED
EVER	SAID
FAITH	SAYING
FIG	SEA
FRUIT	SOON
GROW	THINGS
HAVE	WHATSOEVER
HENCEFORWARD	WITHERED
HUNGERED	

```
H R E M O V E D N O T H I N G
E M A C S S E D A W H B A Z U
N M P A G N E D H G I T U V N
C U I R R R E A M D N P I O E
E D O U E R T A R I G I O A D
F W T H E S R D T S S S Y W F
O E T W O V E M G C A S T A A
R I S E E R O N T I U R F Y S
W N V L E U E K T P F A P Y K
A E L G N I V E I L E B Y I E
R E N T C J I F F E Y R S I P
D U A I O Y E D R S E V A E L
H I T S B D C S Y L N O N V U
N Y N A H T E B U L I O K E U
T A G N I N R O M S D Y E R F
```

Robert F. Dougherty

Christ Walks on the Sea
(Matthew 14:26–33)

AFRAID	LITTLE
ANSWERED	LORD
BEGINNING	PETER
BOISTEROUS	SAID
CAUGHT	SAYING
CEASED	SEA
CHEER	SHIP
CRIED	SPAKE
DISCIPLES	SPIRIT
DOWN	STRAIGHTWAY
FAITH	STRETCHED
FEAR	THEM
FORTH	TROUBLED
GOD	TRUTH
GOOD	WALKED
HAND	WALKING
HEAR	WATER
IMMEDIATELY	WERE
JESUS	WORSHIPPED

```
S T R A I G H T W A Y E G P S
T A N S W E R E D L I T T L E
R S J B O I S T E R O U S I A
E P E T E R A T P T I R I P S
T A S R E T A W P H T R O F C
C K U G N I N N I G E B F H H
H E S C D T W H H U M M E T F
E Y S E C M A A S A T E A U D
D U M A L S L N R C R H R R A
P M D S Y P K D O E O T O T W
I B O E H I I N W D U L N A C
N W O D O A N C O F B P L R Q
M Q G H R W G G S X L K I U E
K Q U F A I T H Z I E E U H V
H E A R L C S A I D D D Z L S
```

The Woman Healed by Touching Christ's Garment
(Matthew 9:20–22)

ABOUT	ISSUE
BEHIND	JESUS
BEHOLD	MADE
BLOOD	MAY
BUT	SAID
CAME	SAW
COMFORT	SHALL
DAUGHTER	SHE
DISEASED	THY
FAITH	TOUCH
FEW	TOUCHED
FROM	TURNED
GARMENT	TWELVE
GOOD	WAS
HEM	WHEN
HER	WHICH
HERSELF	WHOLE
HIM	WITHIN
HIS	WOMAN
HOUR	YEARS

```
J D G F R M A D E H C U O T L
Y A M A W H I C H P S C W R T
B U H E R S E L F A A E I O L
E G J Y E M X B I M L N U F S
H H E A H R E D E V I C W M P
I T S R A E Y N E H H H A O P
N E U S S I W J T N O F S C L
D R S G A W H I M L R L T W A
O P U O F E W M E O L U D H M
O N T O M E L O M Z O A T E Y
L U K D H M V W M B N I H N X
B S R S X M Q X A A A G M S T
W S F D O P F E K F N W A S H
T Y R O C I O J Q X C M G I U
K T I R G P V C Q P N K C H U
```

Dawna Cramer

Jewels and Gems

AMETHYST	JASPER
BERYL	JEWEL
BRACELETS	NECKLACE
CHAIN	NOSE RINGS
CHALCEDONY	ONYX
CHRYSOLITE	PEARLS
CHRYSOPRASUS	PRECIOUS
CORAL	QUARTZ
CRYSTAL	RUBY
DIAMOND	SAPPHIRE
EMERALD	SARDINE STONE
GEM	SARDIUS
GOLD	SARDONYX
IVORY	SILVER
JACINTH	TOPAZ

```
T O P A Z E T I L O S Y R H C
D X Y N O D R A S I L V E R M
N S W O J A C I N T H P D F Z
E R G E M H H R H G D Y O S S
C N W N A S A W Y P T M S U A
K E K I I W L L V S P Y S O R
L M N V C R C E K Y T A T I D
A E N O T S E N I D R A S C I
C R R R A H D S H P S R L E U
E A E Y U R O I O R E E Y R S
L L Q G X B N S A N E A B P V
U D A H H E Y D L M Y P R G D
G O R Z T R A U Q N O X S L Y
A M E T H Y S T M X Z N O A S
B R A C E L E T S X H G D V J
```

Dawna Cramer

The Armor of God

ARMOR	PRINCIPALITIES
BREASTPLATE	QUENCH
DARKNESS	RIGHTEOUSNESS
DARTS	RULERS
DEVIL	SALVATION
FAITH	SHIELD
FEET	SHOD
GOD	SPIRIT
GOSPEL	STAND
HELMET	STRONG
LOINS	SWORD
LORD	TRUTH
MIGHT	WHOLE
PEACE	WILES
POWERS	WORD

Trevor L.

```
R S H O D L E C A E P T R B T
Q U E N C H M U S T R A D T U
E W L H T N E A T U I V R Q M
L U M E G N O R T S N R F F R
O O E H R B E H E J C O I O Z
H F T J M S W O R D I X M P W
W F A I T H W O R D P R J G S
S A L V A T I O N R A X S F T
L U P O X B L J I R L H K V B
L W T H I Y E S F L I V E D D
E M S S E N S U O E T H G I R
P Z A Z F G S F L M I H I P G
S S E N K R A D L A E Q G J M
O W R K M P O W E R S N S I O
G D B T N G U R D N A T S L M
```

Dawna Cramer

The Ten Commandments

ADULTERY	~~MOSES~~
~~ALTAR~~	MOTHER
COVET	MOUNT SINAI
FALSE	NAME
FATHER	NEIGHBOR
GRAVEN IMAGE	NO OTHER GODS
~~HOLY~~	PEOPLE
HONOUR	REST
HOUSE	SABBATH
I AM	SACRIFICE
JEALOUS	STEAL
KILL	THUNDERINGS
LIGHTNINGS	TRUMPET
LORD	~~VAIN~~
MAIDSERVANT	WIFE
MANSERVANT	WITNESS

```
M Y S R J E A L O U S T N L M
A F A E A R D A L T A R L I O
N N C H T H U N D E R I N G S
S E R T R O L D P X K D R H E
E I I O N K T R P H L A E T S
R A F M O C E R O O V A I N S
V N I X O H R L U E W Y V I E
A I C V T B Y E N O W W R N N
N S E A H G T I S H N L O G T
T T F T E P M U R T H O B S I
I N O S R A Y J C A D R H K W
V U U B G U P I R B F D G U I
I O P E O P L E O B G B I S F
H M A I D S E R V A N T E A E
V F A L S E M A N S A Q N H M
```

Dawna Cramer

Heaven

ALPHA	MANSION
ANGELS	NO CRYING
BOOK	NO DEATH
CROWNS	NO PAIN
ELDERS	NO SORROW
ETERNAL	OMEGA
GATES	PEARLY GATES
GLORY	SAINTS
GOD	SEALS
GOLD	SEA OF GLASS
HEAVEN	THRONE
JASPER	TREE OF LIFE
JEWELS	WATER OF LIFE
LAMB OF GOD	WORSHIP
LAMP	WORTHY
LIGHT	

```
N V N N S L E W E J N S G N N
E X S R U K R W M A N S I O N
V T N S S T N I A S F U S C F
A H P L A G A I K P I O N R G
E R G X M L E L D E R S E Y E
H O S E T A G Y L R A E P I F
W N L H D O G F O B M A L N I
P E E O H S N W O R C J A G L
S O G J T S N O P A I N N A F
E D N W A O K R T E E D R A O
T W A S E A L S H D U S E S R
A T W P D G M H L I G H T K E
G V M S O E F I L F O E E R T
X A F L N M O P Z U D U E F A
L P D Y R O L G N Y H T R O W
```

Dawna Cramer

Kings

ABIJAM	JEROBOAM
AHAB	JOSIAH
AHAZIAH	JOTHAM
AMAZIAH	MANASSEH
AMON	MENAHEM
ASA	NADAB
AZARIAH	OMRI
BAASHA	PEKAH
DAVID	PEKAHIAH
HAZAEL	REHOBOAM
HEZEKIAH	SAUL
JEHOAHAZ	SHALLUM
JEHOASH	SOLOMON
JEHORAM	ZECHARIAH
JEHU	ZIMRI

```
J G V U P L H M D E S W H Z H
E E G H A K E P T S V A E E A
H A R J H N Z I M R I L S C I
O E M O A E E L K S X S U H H
R H I H B S K I O Z A C N A A
A D E U A O I J S N B E Q R K
M M U N H L A Z A R I A H I E
L M A S S O H M U X J F T A P
J O T H A M A Z L E A Z A H M
V F X G A O Z M H V M L M Z U
Z V W T B N I O F O O W A N L
I R M O A K A O D C N O Z S L
Z Z H T F S H D A V I D I G A
S E J E H O A H A Z X W A I H
R G E U H E J R B B I R H M S
```

Alice Rafidi

King David's Family

ABIGAIL	JESSE
ABITAL	JESUS
ABSALOM	JOAB
AHINOAM	JONADAB
AMASA	MAACAH
AMNON	MICHAL
ASAHEL	NATHAN
BATHSHEBA	NOGAH
BOAZ	OBED
DAVID	OZEM
EGLAH	RADDAI
ELIADA	RUTH
ELIHU	SHIMEA
ELISHAMA	SHOBAB
HAGGITH	SOLOMON
IBHAR	TAMAR
ITHREAM	ZERUIAH
JAPHIA	

```
N A M N O N E E L I S H A M A
O F A A Z O Z L G L E H A S A
M K E T E V M A I L D E K Z J
O Y R H N A K A J H A I Q O O
L Z H A O U D T A B U H A T N
O E T N G D D I Z C Z B V I A
S K I R A I U D I V A D U L D
O H A R H R J R I T B H W A A
A S U S E J A Z H M I T N H B
B H O Z E M P S U B T I J C A
I I G S R R H L Z T A G G I O
G M S E O E I P A A L G Q M I
A E C A B S A L O M R A H B I
I A O A E S H O B A B H T U R
L Y P A D A I L E R A M A S A
```

Alice Rafidi

Jesus & John the Baptist

ANGEL	JOSEPH
BABE	JOY
BAPTIZE	LORD
BLESSED	MANGER
BLOOD	MARY
CALL	PEACE
COUSINS	PRIEST
CRUCIFY	REPENT
DOVE	SACRIFICE
ELISABETH	SALVATION
FORGIVENESS	SAVED
GABRIEL	SINS
GLORY	SON
GOD	SOUL
GREAT	STAR
HAIL	THE WAY
HAND	THRONE
HATH	TIME
HEARTS	VISION
HEROD	WATER
HIS	WOMB
HOLY GHOST	WORD
JESUS	ZACHARIAS

```
H M M B S G A B R I E L U O S
Z O V J L D O V E N O R H T M
E H L O W O R D J B A A S H H
M A R Y Y R O U O T N E L E T
F Y U F G E R D S D I H L W E
O L L I A H P E E R A M A A B
R L X C J N O S P T D N C Y A
G C O U S I N S H E M O G J S
I F G R E A T E T S N I S E I
V L U C D W Y L E M I T H S L
E E Z I T P A B A B E A E U E
N C L R E G N A M D E V A S G
E A I D S V I S I O N L R L Z
S E C I F I R C A S W A T E R
S P W Z A C H A R I A S S U M
```

Stephen Powers

People and Places of Acts 1

ACELDAMA	JUDAS
ANDREW	JUDAEA
APOSTLES	MARY
BARSABAS	MATTHEW
BARTHOLOMEW	MATTHIAS
DAVID	OLIVET
GALILEE	PETER
HEAVEN	PHILIP
ISRAEL	SAMARIA
JAMES	SIMON
JERUSALEM	THEOPHILUS
JESUS	THOMAS
JOHN	UPPER ROOM
JOSEPH	

```
G W M O O R R E P P U N R Q H
M E I R S A I H T T A M E B P
A R T S A D U J R U I J T A E
R D B W M D N O M I S V E A S
Y N A Z P R G T M A M A P M O
B A R T H O L O M E W I H A J
B X S H I M C A S D I E I D E
R V A E Y C R I P A A B L L R
O I B O A I O L I V E T I E U
K S A P A Q Q S E I A V P C S
A R S H D Q J N Y D D L G A A
G A L I L E E N R D U A M O L
Y E G L M I S E M A J O H N E
W L D U E F U T W E H T T A M
O Q Q S O N S E L T S O P A Q
```

Evelyn M. Boyington

Men Called by God to Special Service

AARON	JAMES
ABRAHAM	JOHN
AMOS	JONAH
APOLLOS	JOSEPH
BARAK	JOSHUA
DANIEL	JUDE
DAVID	MARK
EHUD	MOSES
ELIJAH	NOAH
ELISHA	PETER
EZEKIEL	PHILIP
EZRA	SAMUEL
GIDEON	SAUL
HOSEA	SILAS
ISAAC	STEPHEN
ISAIAH	TIMOTHY
JACOB	

C	W	A	R	Z	E	G	D	M	S	C	E	Z	S	N
T	B	S	H	L	B	C	E	I	A	D	D	T	P	J
K	S	E	I	A	W	V	D	A	V	D	U	H	E	X
A	S	S	R	R	J	C	S	E	M	A	J	D	C	E
R	H	O	T	R	R	I	G	S	B	Y	D	R	H	F
A	E	M	S	E	A	H	L	R	O	H	P	E	U	E
B	B	T	C	A	P	S	A	E	E	T	J	M	Z	K
Z	O	N	E	E	L	H	A	C	U	O	X	E	O	V
O	C	Z	S	P	A	I	E	U	H	M	K	K	S	J
L	A	O	X	M	G	P	S	N	L	I	A	I	O	A
P	J	O	N	A	H	L	O	R	E	T	C	S	M	D
N	O	E	D	I	G	R	H	L	C	A	H	A	A	E
S	L	V	L	M	A	R	K	S	L	U	A	I	W	U
L	E	I	N	A	D	Y	E	H	A	O	N	A	O	I
F	P	P	R	P	I	F	P	V	Y	D	S	H	O	U

Evelyn M. Boyington

Prophecies Fulfilled by Jesus

AROSE	NAZARENE
ASCEND	PARABLES
BETHLEHEM	PIERCED
BETRAYED	PRIEST
CORNERSTONE	REJECTED
CRUCIFIED	RULE
DAVID	SAD
EGYPT	SAVE
EMMANUEL	SCEPTER
ETERNAL	SCOURGED
FORSAKEN	SPIRIT
GIFTS	THIRST
GOD	THRONE
HEAL	VIRGIN
HIGH	WORSHIP
JUDAH	ZEAL

```
M D F D P T K S T H R O N E V
P E E O E I S D T L S A V E I
S A H Y R C H E I F A S A D R
Y C R E A S R S I V I E R D G
Y L O A L R A E R R A G H C I
A A T U B H T K I O P D O L N
D E H D R L T E E P W R E V R
E Z I N G G E E B N N U E E A
I T R E O J E S B E N N J L S
F I S L D N T D R A E E A C D
I R T U C H E S M R C N E N E
C I Z R A G T M A T R P E S H
U P U D Y O E Z E E T C O I T
R S U P N V A D T E S R G P T
C J T E V N I E R A A H B A K
```

Evelyn M. Boyington

Cities of Defeated Kings
(Joshua 12)

ACHSHAPH	JARMUTH
ADULLAM	JERICHO
AI	JERUSALEM
APHEK	JOKNEAM
ARAD	KEDESH
BETHEL	LACHISH
DEBIR	LASHARON
DOR	LIBNAH
EGLON	MADON
GEDER	MAKKEDAH
GEZER	MEGIDDO
GILGAL	SHIMRON-MERON
HAZOR	TAANACH
HEBRON	TAPPUAH
HEPHER	TIRZAH
HORMAH	

```
I V X W L E H T E B P H H V G
H H A U P P A T L F A O U E Q
F S M P G H A H U D R O Z A H
N L I E H A W R E M A E G C D
R O D H N E T K A H R M K M G
D E R A C O K H Y P A A E X R
R S C E R A R L A A D L J R T
W H X F M I L B A H A L A L N
M S T L E N B J E S K U D O G
M E G I D D O E U H H D D I E
Q D Q B R M L R D C J A L G G
W E T N T Z E I M A M G R X L
P K W A L J A C J I A H Q O O
H E P H E R W H X L H V G J N
B F M A E N K O J U T S W N Y
```

Evelyn M. Boyington

Commerce in the Bible

APPAREL	LEAD
BRASS	LINEN
BUYING	MARITIME
CARAVAN	MERCHANDISE
CATTLE	MERCHANTS
CHAPMEN	OIL
CHARIOTS	PERFUME
CHESTS	PURPLE
CLOTH	SELLING
CORN	SILVER
EMBROIDERY	SLAVES
FAIRS	STEEL
GEMS	TIN
GOLD	TRADE
HONEY	TRAFFIC
IRON	WARES
IVORY	WINE
LAND	WOOL

```
E Z S R I A F C H E S T S D J
U S P M H T O L C L E S L N A
S D I E E L C I T L E A A H Y
H L R D R G F H P R N V V R E
X O O J N F C R A D A R E E N
C G N E A A U W E R M D S V O
F N N R N P H M A L I O E L H
W I T B W I I C E O E O M I H
L L O O W T W C R L E E T S Z
L L G N I Y U B O E V J V S C
A E D R R P M Q M R M H K A J
G S A O M E R C H A N T S R G
D M V D Q K T O S P J C I B F
F I U B G I N E M P A H C N H
L H G C H Q G P C A T T L E N
```

Sally K. Morrison

Men of the Bible

AARON	ISSACHAR
ABEL	JACOB
ABRAHAM	JARED
ABSALOM	JESSE
ADAM	JETHRO
ASHER	JOSEPH
BENJAMIN	JOSHUA
BOAZ	JUDAH
CALEB	LEVI
DAN	MANASSEH
DAVID	MOSES
ELI	NAPHTALI
ELIEZER	NOAH
ELIJAH	PAUL
ENOCH	REHOBOAM
EPHRAIM	SAMSON
GAD	SAMUEL
GERSHOM	SAUL
ISAAC	SIMEON
ISHMAEL	ZEBULUN

```
W I Z E I B G A D S I M E O N
L U A P D B E E A Z A U A A U
J E T H R O R M A U S B P M L
E L S R J A S S H Z E H J E U
S I B A J O H S T L T L K L B
S E T I N E O E N A A V M E E
E Z V M R J M O L A S B A U Z
E E D A N A A I D F M E O M C
L R I H D H N F I B B N B A I
I S S A C H A R V R J J O S R
J J A R T O S G A U O A H H Y
A A A B V L S U D S A M E C Z
H O C A A U E A E R A I R O A
S E S O M A H P O E L N M N O
C A L E B S H N L E U B O E B
```

Sally K. Morrison

Women of the Bible

ABIGAIL	MAACAH
ASENATH	MARTHA
AZUBAH	MARY
BASEMATH	MICHAL
BATHSHEBA	MIRIAM
DEBORAH	NAOMI
DINAH	PRISCILLA
DORCAS	RACHEL
ELIZABETH	RUTH
ESTHER	SAPPHIRA
EVE	SARAH
HAGAR	SUSANNA
HANNAH	TAMAR
HELAH	TIMNA
HERODIAS	ZILPAH
JOANNA	ZIPPORAH
LEAH	

```
H A N N A H T A N E S A B J X
M I C H A L R T N A H T R A M
S A P P H I R A A N N A S U S
M K L A R A U H C T A D F D A
S I E X N I G S A H M O J O I
Z L R M L D S A S C E B J R D
I K I I I H A C R H A L Z C O
P T J N A Q N B I S T A M A R
P A A D G M I L E L E U M S E
O H J S I E H M B H L N R V H
R B F X B Z A A O M S A E H A
A N W K A T G R Y A Y H H E R
H L S O H U C Y V V Y N O T L A
D E B O R A H A B U Z A S A S
W Y X V H T E B A Z I L E H B
```

Arlene Walker

A Virtuous Woman
(Proverbs 31:9-31)

BEAUTY

BUYETH

CANDLE

CHILDREN

CLOTHING

DISTAFF

FIELD

FOOD

FRUIT

GATES

GIVETH

GOOD

HANDS

HER

HONOUR

HOUSEHOLD

HUSBAND

LIFE

LINEN

LOINS

MAIDENS

MERCHANDISE

NEEDY

NIGHT

OPEN

PORTION

PRAISETH

PRICE

PURPLE

RUBIES

SCARLET

SPINDLE

STRENGTH

TAPESTRY

THOU

VAIN

WILLINGLY

```
B Q F W I L L I N G L Y U F Y
H U L I F E L P R U P H R T N
G A Y E E Y D E E N O U U E C
H A N E S L N A V U I A N Y L
T S T D T I D O S T E I E R O
E E H E S H D E I B L N C T T
S I G G S R H N D T N E I S H
I B I O U O F M A N R P R E I
A U N O L F A S S H A O P P N
R R N D A I C C G P C B P A G
P O O T D A A S R I I R S T U
H O S E R N R N I A V N E U O
F I N L D E S N I O L E D M H
D S E L H T G N E R T S T L T
K T E B Q N E R D L I H C H E
```

Arlene Walker

Seven

ABOMINATIONS	MONTHS
ALTARS	NATIONS
ANGELS	OXEN
BASKETS	PILLARS
BRETHREN	PLAGUES
BULLOCKS	PRINCES
CANDLESTICKS	SABBATHS
CHURCHES	SEALS
CUBITS	SHEPHERDS
DAUGHTERS	SONS
HORNS	SOULS
HUNDRED	STARS
LAMBS	TIMES
LAMPS	TRIBES
LOCKS	VIALS
MAIDENS	WEEKS

```
A H S C S K C O L L U B A S A
S L O P A T R I B E S B B N L
S E T R M N Y N E X O M G O S
H P A A N A D O J M A E C O S
E R W L R S L L I L L K U V A
P I E K S S S N E S S L V I B
H N E F W E A B B S S O I A B
E C K X U T R H M A T T N L A
R E S G I E U N S A S I A S T
D S A O T N A S C R I K C R H
S L N H D T H J M U A D E K S
P S R R I T E D R L B L E T S
L E E O N W S E M I T I L N S
N D N O C H U R C H E S T I S
Z S M D S R E T H G U A D S P
```

Arlene Walker

Prayer

AFFLICTED	GLORIFY
ALONE	GOD'S WILL
ALWAYS	HUMBLE
ASK	KNEEL
BELIEVE	KNOCK
CALL	MERCY
CLEANSE	PEACE
CLOSET	PETITION
CONTINUE	PURIFY
CRY	SECRET
DELIVERANCE	SEEK
DESIRE	SING
EVERYTHING	SUPPLICATIONS
EXALT	THANK
FAITH	THANKSGIVING
FAST	TOGETHER
FORGIVE	WATCH

T	E	F	L	L	I	W	S	D	O	G	L	S	B	F
G	E	L	A	W	A	T	C	H	B	E	N	E	O	P
M	T	S	B	I	F	A	S	T	E	O	L	R	U	G
A	E	H	O	M	T	I	M	N	I	I	G	R	T	N
F	P	R	A	L	U	H	K	T	E	I	I	A	O	I
F	E	K	C	N	C	H	A	V	V	F	S	K	G	H
L	A	C	A	Y	K	C	E	E	Y	K	E	G	E	T
I	C	O	L	L	I	S	E	E	T	E	R	N	T	Y
C	E	N	L	L	D	G	G	U	S	E	S	I	H	R
T	W	K	P	E	S	E	L	I	N	N	R	S	E	E
E	W	P	S	Y	X	D	J	O	V	I	A	C	R	V
D	U	I	A	A	L	O	N	E	R	I	T	E	E	E
S	R	W	L	R	K	N	A	H	T	I	N	N	L	S
E	L	T	N	O	I	T	I	T	E	P	F	G	O	C
A	E	C	N	A	R	E	V	I	L	E	D	Y	R	C

Arlene Walker

Neighbors and Enemies
(Proverbs 25:8-28)

APPLES	NITRE
BROKEN	OBEDIENT
CLOUDS	ORNAMENT
COUNTENANCE	PICTURES
DEBATE	RAIN
DISCOVER	REPROVER
END	SECRET
FALSE	SHAME
FOOT	SILVER
GOOD NEWS	SNOW
HARVEST	SOFT
HASTILY	SONGS
HATE	SPOKEN
HONEY	STRIVE
HOUSE	TURN
JOINT	VINEGAR
LEST	WALLS
MAUL	WEATHER
MESSENGER	WITHDRAW

```
R S C Y T N E M A N R O F R B
N A E O E E V I R T S A E R E
R E G L U N M A U L L G O T H
U R K E P N O E E S N K A O W
T E S O N P T H E E E B U O A
N P H F P I A E S N E S N S R
E R A O W S V S N D E S I G D
I O M O G R E D H A J I A N H
D V E T E M I Y W A N O R O T
E E H V W S L E T C R C I S I
B R L A C I A T S E L V E N W
O I L O T T F O S Q R O E N T
S L V S H E E R T I N C U S D
S E A E S E R U T C I P E D T
R H R T D S W E N D O O G S S
```

Word Search Answers

Puzzle #1

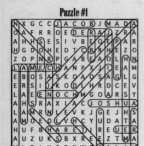

Puzzle #2

Puzzle #3

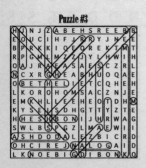

Puzzle #4

Puzzle #5

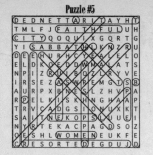

Puzzle #6

Puzzle #7

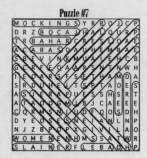

Puzzle #8

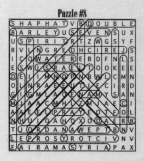

Puzzle #9

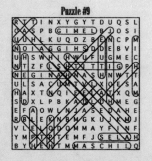

Puzzle #10

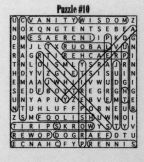

Puzzle #11

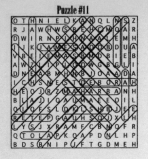

Puzzle #12

Puzzle #13

Puzzle #14

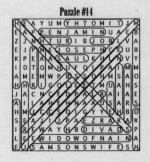

Puzzle #15

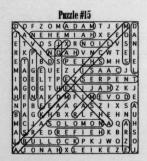

Puzzle #16

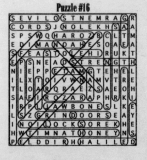

Puzzle #17

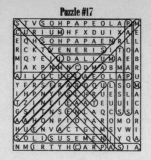

Puzzle #18

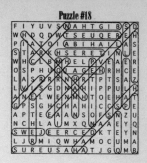

Puzzle #19

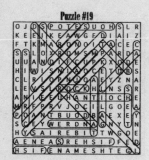

Puzzle #20

Puzzle #21

Puzzle #22

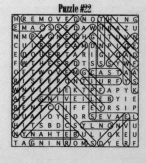

Puzzle #23

Puzzle #24

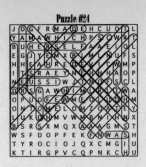

Puzzle #25

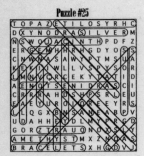

Puzzle #26

Puzzle #27

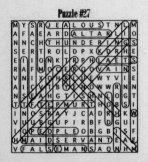

Puzzle #28

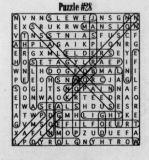

Puzzle #29

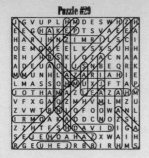

Puzzle #30

Puzzle #31

Puzzle #32

Puzzle #33

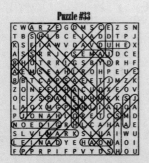

Puzzle #34

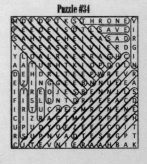

Puzzle #35

Puzzle #36

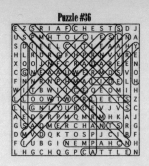

Puzzle #37

Puzzle #38

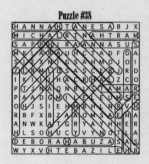

Puzzle #39

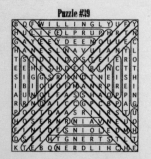

Puzzle #40

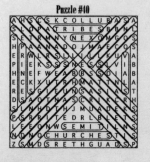

Puzzle #41

```
T E F L L I W S D O G L S B F
G E L A W A T C H B E N E O P
M T S B I F A S T E O R U G
A E H O M T I M N G R T O R N
P R A L U K E A O I
F E K C N O H A V E S R G H
L I C A Y K C E E V E G E T T
I C O L L S E E T E R N T Y
C E N U L D G G U S E S H R
E T W K P E S E L I N N R S E E
W P S Y X D J O V I A C R V
O U A A L O N E R T E E E
S R W L R K N A H T N N L S
E L T N O I T I T E P F O O L
A E C N A R E V I L E D Y R C
```

Puzzle #42

```
R G C V T N E M A N R O F R B
N A E O E E V I R T S A E R E
R E G L U N M A U L G O T H
U R K E P N O E E S N A O W
T E S O N P H E E E B U O A
N P H F P I A E S N E S N S R
E R A O W S V S N D E S I G D
I O M O G R E D H A N A N H
D V E E T E M I W A N O R O T
E E H V W S L E T C R C S S i
B R A C I A T S E L E N W
O S O X T F O S O R D E N T
S L S H E E R T I N C U S D
S E A E S E R U T C I P E D T
R H R T D S W E N D O O G S S
```

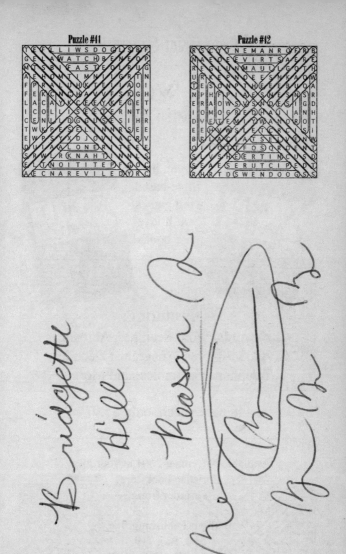

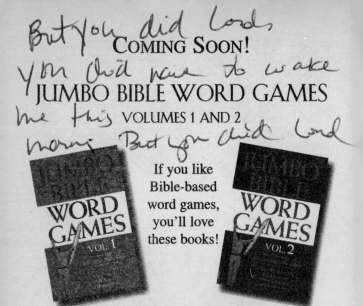